Qui sont les premiers hommes ?

Pourquoi Homo sapiens est-il le seul survivant ?

omme de Cro-Magnon ?

Est-ce que le travail existe à la préhistoire ?

Comment chassent les hommes préhistoriques ?

Pourquoi y a-t-il des peintures au fond des grottes ?

Quand la préhistoire finit-elle ?

Comment savons-nous tout ça sur la préhistoire ?

Pour Malo, documentaliste en herbe.
N. S.-F.

Suivi éditorial : Sandrine Pennard-Landeau
Réécriture et correction : Karine Forest
Mise en pages : Sylvaine Collart
Conception graphique : Emma Rigaudeau
Photogravure : MPP

editionsmilan.com

ISBN : 978-2-7459-5409-1 – Dépôt légal : 1er trimestre 2018 – Imprimé en Chine

la préhistoire

Textes de **Natacha Scheidhauer-Fradin**
Illustrations de **Jean-Emmanuel Vermot-Desroches**

MiLAN

Quand commence la préhistoire ?

La préhistoire débute il y a 2,5 millions d'années, au commencement de l'aventure de l'homme. Les scientifiques la divisent en plusieurs périodes successives, marquées chacune par une grande invention ou par l'apparition d'une nouvelle espèce d'homme.

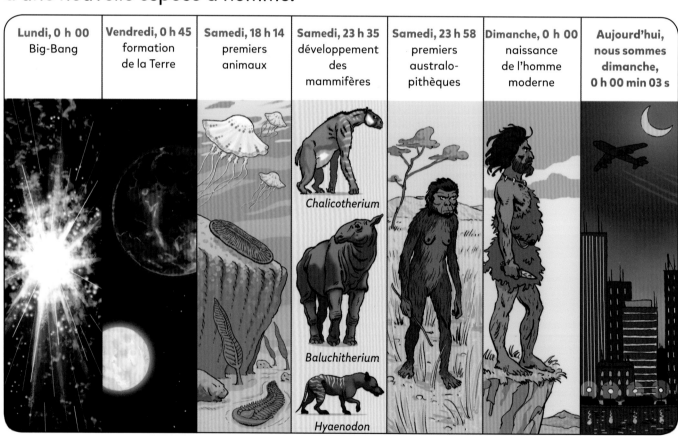

| Lundi, 0 h 00 Big-Bang | Vendredi, 0 h 45 formation de la Terre | Samedi, 18 h 14 premiers animaux | Samedi, 23 h 35 développement des mammifères | Samedi, 23 h 58 premiers australo-pithèques | Dimanche, 0 h 00 naissance de l'homme moderne | Aujourd'hui, nous sommes dimanche, 0 h 00 min 03 s |

Chalicotherium

Baluchitherium

Hyaenodon

Une histoire de **2,5 millions d'années**, c'est impressionnant... Mais ça n'est rien comparé aux 14 milliards d'années d'existence de l'Univers. Pour mieux te rendre compte, imagine que celui-ci est né il y a à peine une semaine. Regarde alors combien l'histoire de l'homme est courte à cette échelle !

Il y a 2,5 millions d'années

L'homme invente les **outils** puis, bien plus tard, il y a 500 000 ans, il maîtrise le **feu**.

Il y a 100 000 ans

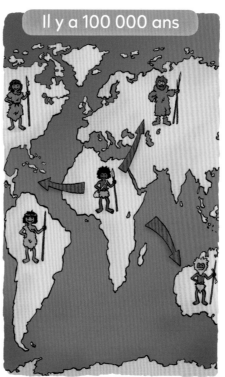

L'homme moderne quitte l'Afrique et **peuple** progressivement les autres continents.

Il y a 10 000 ans

Devenu éleveur et agriculteur, il construit les premiers **villages** pour s'installer durablement.

Pendant la préhistoire, l'homme doit affronter des vagues de **grand froid**. Climat, plantes et animaux ressemblent alors à ceux de la Sibérie d'aujourd'hui, une région sèche et glaciale. Le réchauffement des températures se produit il y a seulement 12 000 ans.

Est-ce que l'homme descend vraiment du singe ?

L'homme ne descend pas du singe, l'homme... est un singe ! Bien sûr, nous avons évolué différemment, mais nous avons le même ancêtre africain que les grands singes de la forêt.

L'homme appartient au groupe des **primates**. Dans cette « famille », les chimpanzés et les bonobos sont comme nos frères et sœurs. Et les gorilles, les orangs-outans et les gibbons comme nos cousins.

Homo habilis, Homo erectus... différentes espèces d'hommes se sont succédé sur la Terre. Seul **Homo sapiens** a survécu. C'est l'homme moderne, c'est-à-dire nous ! Son nom signifie « homme sage ».

Pourquoi les hommes ne sont-ils pas tous de la même couleur ?

Ils se sont adaptés à leur environnement. Hors d'Afrique, leur peau s'est éclaircie car le soleil rayonnait moins fort. Mais on ne change pas de couleur juste en quittant un continent, la transformation prend des millions d'années !

Où apparaissent les ancêtres de l'homme ?

C'est en Afrique que les spécialistes de la préhistoire, appelés « paléontologues », ont retrouvé les plus anciennes traces de l'homme. C'est pourquoi le continent africain est surnommé le « berceau de l'humanité ».

Les primates apparaissent il y a environ 55 millions d'années, 10 millions d'années après la disparition des dinosaures. Les plus anciens ossements de primates ont été découverts en **Afrique**, d'autres, plus récents, ont été mis au jour en Asie et en Amérique du Sud.

Altiatlasius *Eosimias* *Aegyptopithecus* *Proconsul*

Petit à petit, les **primates** se transforment physiquement : on dit qu'ils « évoluent ». Ils se diversifient aussi : certains pèsent à peine quelques dizaines de grammes tandis que d'autres atteignent 200 kg. En Afrique, ils se divisent en 2 groupes, les singes à queue et les singes sans queue.

Les singes sans queue, ou « grands singes », vont à leur tour évoluer. Pour mieux voir par-dessus les hautes herbes de la savane, certains se redressent et **marchent debout**. Ce ne sont pas encore des hommes mais ils ressemblent de moins en moins à des singes : voici les australopithèques.

Qui sont les premiers hommes ?

Les premiers véritables hommes apparaissent il y a 2,5 millions d'années environ. Les scientifiques les ont baptisés *Homo* ce qui signifie « homme » en latin.

Descendant des australopithèques, **Homo habilis** a un cerveau plus gros ce qui lui permet de fabriquer les premiers outils. C'est pourquoi il porte le nom d'« homme habile ».

Certains paléontologues pensent qu'**Homo ergaster** descend d'*Homo habilis*. Ils le nomment *ergaster*, l'« artisan », car il invente un nouvel outil plus complexe, le biface. Ce serait aussi le premier homme à s'aventurer hors d'Afrique.

Les descendants d'*Homo ergaster* auraient évolué en **Homo erectus**, l'« homme debout ». *Homo erectus* est notre ancêtre le mieux connu. Il continue à perfectionner les outils mais, surtout, il découvre comment maîtriser le feu.

Comment les premiers hommes voyagent-ils ?

En cherchant de nouveaux territoires de chasse, les hommes découvrent peu à peu le monde à pied. Ils atteignent même des îles en suivant des bandes de terres émergées. Car, à cette époque, une grande partie des mers sont gelées et leur niveau est plus bas qu'aujourd'hui.

Pourquoi *Homo sapiens* est-il le seul survivant ?

Descendant d'*Homo erectus*, *Homo sapiens* est l'homme qui peuple la planète aujourd'hui. S'il est le seul survivant des espèces d'hommes apparues sur Terre, c'est qu'il a su s'adapter mieux que les autres à son environnement.

La plupart des paléontologues pensent qu'*Homo sapiens* apparaît en Afrique il y a **200 000 ans.** Il part ensuite à la conquête du monde jusqu'en Australie et en Amérique.

Équipé d'outils élaborés et très habile, *Homo sapiens* **aurait dominé**
les autres populations sans leur faire la guerre, tout simplement
en occupant leurs territoires de chasse.

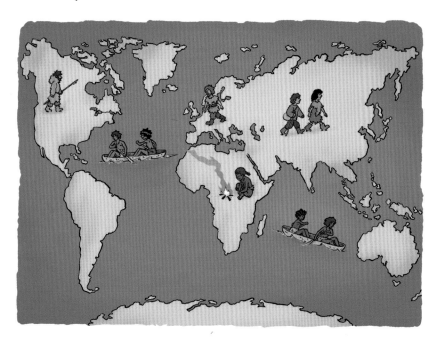

Homo sapiens remplace
progressivement les hommes
de Neandertal vivant en Europe
et les derniers *Homo erectus*
dans le monde. Il **peuple**
peu à peu toute la Terre.

Qui est l'homme de Cro-Magnon ?

En 1868, près de la grotte des Eyzies, au lieu-dit Cro-Magnon, en Dordogne, des ouvriers trouvent des ossements vieux de 30 000 ans en construisant une route. Ces os appartiennent aux premiers *Homo sapiens* découverts en Europe.

En fouillant, les ouvriers déterrent non pas 1 squelette mais 5. Parmi eux, celui d'un homme âgé de **40 ans**. C'est une découverte exceptionnelle car, à la préhistoire, les hommes vivaient rarement aussi longtemps ! Ils baptisent alors ces fossiles « hommes de Cro-Magnon », du nom du lieu de leur trouvaille.

Aujourd'hui, « un homme de Cro-Magnon » désigne quelqu'un qui se comporte de manière grossière. Cet ancêtre nous a pourtant laissé de nombreuses grottes ornées de peintures et de gravures. C'était sûrement plus un **artiste** qu'une brute épaisse !

Au début, Cro-Magnon est le nom donné par les chercheurs à tous les hommes modernes de cette époque trouvés en Europe. Puis, ils préfèrent les appeler *Homo sapiens*. Mais l'**expression** « homme de Cro-Magnon » est restée.

Et l'homme de Neandertal, d'où vient-il ?

Il doit son nom à la vallée de Neander, en Allemagne, où il a été découvert en 1856. Ce descendant d'*Homo erectus* a évolué pour s'adapter au froid de l'Europe. Il y a 28 000 ans, il disparaît progressivement. Peut-être parce qu'il a dû partager son territoire avec *Homo sapiens*.

Qu'est-ce qui change avec la découverte du feu ?

L'homme est le seul animal qui a su capturer le feu et le reproduire à volonté. Cette découverte, très importante pour l'humanité, nous a sûrement permis de dominer la planète.

Au début, l'homme profite des incendies provoqués par la foudre ou la lave d'un volcan pour récupérer des branches enflammées et ainsi **s'emparer** du feu. Puis, il apprend à l'entretenir en l'alimentant avec des brindilles ou des feuilles sèches.

C'est *Homo erectus* qui découvre comment **fabriquer** du feu. Il produit une étincelle en cognant un silex sur un caillou contenant du fer. *Homo sapiens*, lui, invente l'archet qui aide à frotter vigoureusement un morceau de bois dur sur un morceau de bois tendre pour obtenir les mêmes étincelles.

Le feu devient vite **indispensable** pour repousser les fauves, cuire les aliments, s'éclairer dans les grottes ou rendre la pointe des lances de bois plus dure. Il permet aussi de se chauffer et ainsi de pouvoir survivre dans les régions froides.

Les hommes préhistoriques vivent-ils tout nus ?

À leur apparition, en Afrique, les hommes n'ont pas besoin de vêtements car le climat est chaud. Mais au fur et à mesure qu'ils s'installent sur de nouveaux territoires, comme en Europe, il leur faut s'équiper pour résister au froid.

L'homme ne connaît pas encore la laine car il n'élève pas de moutons. Ni le coton car il ne sait pas encore le cultiver. Ours, loup, renard... les vêtements sont confectionnés avec la **peau** des animaux chassés. En Asie, l'homme se contente d'un **pagne** végétal. En Europe, en revanche, il a besoin d'un vêtement chaud et de chaussures.

Les peaux sont soigneusement **raclées** pour supprimer les restes de chair, puis elles sont enduites de terre rouge, l'ocre, et **séchées** près du feu. Parfois, les hommes les mâchent pour les assouplir, comme le faisaient encore les habitants du Groenland il n'y a pas si longtemps.

Les vêtements sont noués avec des **liens** de cuir ou des tendons d'animaux. Ils sont souvent décorés de **coquillages**. Les scientifiques pensent que ces décorations indiquaient à quelle tribu appartenait celui qui les portait ou bien qu'elles servaient à séduire.

Est-ce que le travail existe à la préhistoire ?

Évidemment, les hommes préhistoriques ne se rendent pas au bureau pour travailler… Mais il y a beaucoup à faire au campement et chacun participe aux nombreuses corvées.

L'occupation principale des hommes préhistoriques est de **trouver à manger**. En général, les hommes vont à la chasse et les femmes s'occupent de la cueillette. Ces activités demandent beaucoup de temps et d'efforts.

Tout comme aujourd'hui, il y a des spécialistes affectés à des tâches précises. Par exemple, des **artisans** taillent des os et du silex pour fabriquer des outils ou des armes.

Ces femmes préparent des **provisions pour l'hiver.** La viande de ce renne est découpée puis fumée pour être conservée. D'autres récupèrent sa peau pour en faire des vêtements et des couvertures, et sa graisse pour allumer les torches.

Les hommes préhistoriques aiment-ils ce qui est beau ?

Les hommes préhistoriques prennent le temps de décorer les armes et les outils qu'ils fabriquent. Ils font aussi attention à leur apparence et passent du temps à fabriquer des bijoux et à orner leur corps de peinture et de tatouages. Comme nous, ils aiment les belles choses !

Comment chassent les hommes préhistoriques ?

Les premiers hommes se contentent de se servir sur les cadavres des animaux déjà morts. *Homo sapiens*, lui, devient un redoutable chasseur.

Pour chasser et piéger les animaux, il faut bien connaître leur environnement et leurs habitudes. L'homme **observe** le gibier pour savoir quels endroits il fréquente.

L'homme est souvent moins rapide et moins fort que les animaux auxquels il s'attaque. Mais, grâce à son cerveau plus évolué, il peut inventer des **armes** ou des techniques de chasse.

Selon les régions, l'homme chasse des rennes, des chevaux, des antilopes ou des rhinocéros. Le très gros gibier, par exemple le mammouth en Europe, est poussé dans des **pièges**, comme ce trou recouvert de branchages. Il fournit alors des semaines de nourriture pour tout le groupe.

Homo erectus connaît déjà la lance mais le mieux équipé est certainement *Homo sapiens*. Grâce au **propulseur**, il peut envoyer son arme sur sa proie sans trop s'en approcher.

Mange-t-on du dinosaure à la préhistoire ?

S'ils connaissent bien le goût du mammouth, les hommes préhistoriques ne peuvent pas en revanche décrire celui des dinosaures. N'oublie pas que ceux-ci ont disparu de la surface de la Terre bien avant que l'homme n'apparaisse !

Les hommes préhistoriques se nourrissent de **baies** qu'ils cueillent sur les buissons, d'insectes, de viande et de poisson. On a aussi retrouvé des traces qui montrent que, parfois, ils se mangeaient entre eux. Peut-être était-ce la seule solution quand le gibier venait à manquer ?

Les casseroles n'existent pas encore et il faut attendre l'invention de la poterie, il y a 9 000 ans, pour voir apparaître les premiers récipients. Auparavant, l'homme utilise des peaux d'animaux qu'il remplit d'eau et d'**herbes** et dans lesquelles il jette des cailloux brûlants pour faire bouillir la soupe.

Pas de réfrigérateur non plus pour conserver la **viande** qui n'est pas consommée tout de suite ! Pour éviter qu'elle ne pourrisse, les cuisiniers la font sécher à la fumée. Cette technique est encore utilisée aujourd'hui pour le saumon.

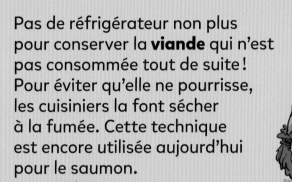

À la préhistoire, les bonbons existent ?

Sève des arbres, miel des abeilles... les gourmands préhistoriques se régalent déjà de sucreries. Les scientifiques ont même retrouvé des squelettes avec des caries ! À la fin de la préhistoire, l'homme découvre la culture des céréales et son alimentation devient donc plus riche.

Est-ce que les hommes se parlent en grognant ?

Pendant longtemps, les hommes ont communiqué comme les animaux, en manifestant leurs émotions par des sons. Puis, leur corps a évolué et ils ont alors pu articuler des mots. Avec ces mots, ils ont formé des phrases et ont ainsi pu exprimer des idées plus complexes.

Homo sapiens possède une mâchoire assez grande pour pouvoir remuer la langue et un appareil vocal qui lui permet d'émettre des sons. Et surtout... un cerveau assez évolué pour les faire fonctionner ! Il semble ainsi être le premier à pouvoir s'exprimer avec des **sons articulés**.

Les spécialistes pensent qu'*Homo habilis*, l'ancêtre d'*Homo sapiens*, ne parle pas vraiment mais qu'il possède un langage fait de gestes et de **grognements**. Ainsi, il peut transmettre ses connaissances et enseigner à ses enfants comment fabriquer et utiliser des outils.

Pouvoir communiquer par le langage permet d'organiser des choses **complexes**. Les hommes peuvent, par exemple, se mettre d'accord sur la technique qui sera employée au cours de la chasse du lendemain.

Pourquoi les hommes ont-ils commencé à se parler ?

La découverte du feu aurait favorisé l'apparition du langage. Regroupés autour du foyer pour manger et se réchauffer, les hommes auraient eu envie de discuter ensemble, de se raconter des histoires et d'échanger des informations utiles à leur survie.

29

Les grottes sont-elles confortables ?

Trop sombres, trop humides, trop facilement enfumées, les grottes ne servent pas de logement. D'autant qu'elles sont parfois déjà occupées par des animaux redoutables, comme l'ours ou le lion des cavernes.

Dans les zones de montagne, les hommes préhistoriques repèrent le versant sud et s'installent à l'entrée **ensoleillée** des grottes. Ils recherchent aussi les falaises pour s'abriter, sous leurs avancées, du vent ou de la pluie.

Dans les forêts, ils construisent des **cabanes** de branchages et les recouvrent de peaux.

Dans les steppes, des plaines sans arbres où il n'y a ni bois ni abri naturel, les hommes bâtissent des **huttes** en os et en défenses de mammouth.

Homo sapiens ne reste que quelques mois au même endroit. Il installe son campement là où il peut trouver des baies à cueillir et il se déplace en suivant la piste du gibier. On dit qu'il est **nomade**.

Pourquoi y a-t-il des peintures au fond des grottes ?

Les hommes préhistoriques ne s'enfoncent pas au fond des grottes sombres pour peindre de simples décorations. Certains scientifiques pensent qu'ils se rapprochent plutôt du centre de la Terre pour entrer en contact avec les esprits et faire de la magie.

Mammouths, bisons, chevaux...
sur les parois des grottes, on trouve
des animaux **dessinés avec précision**.

Il y a aussi de nombreux **signes géométriques**, comme les losanges, et beaucoup d'empreintes de mains.

La première grotte ornée de peintures est découverte en Espagne, en 1879. Mais, à l'époque, personne ne peut croire que des hommes préhistoriques aient pu peindre de telles **œuvres d'art**.

Avec quoi les artistes de la préhistoire peignent-ils ?

Avec des pinceaux en poil d'animaux, des bouts de bois mâchonnés et des couleurs issues de la nature. Le noir est fait de charbon de bois ou de manganèse (un métal) écrasé. Pour les rouges et les jaunes, ils broient de l'ocre (une roche), et pour le blanc, de l'argile.

Quand la préhistoire finit-elle ?

Il y a 12 000 ans, au cœur d'une région en forme de croissant, formée par le sud de la Turquie, l'Irak, le Liban et Israël, l'homme bâtit les premiers villages. Il cesse alors d'être nomade. Petit à petit, la préhistoire prend fin.

Le climat de la Terre s'est réchauffé. Au Proche-Orient, l'homme trouve des plaines et des forêts où abondent les chèvres sauvages et le blé. Il n'a plus besoin de déplacer son campement pour trouver de la nourriture. Il décide de s'installer et construit les **premières maisons**.

Mieux installés, mieux nourris, les hommes deviennent plus nombreux. Il leur faut de plus en plus de provisions. Ils découvrent alors qu'il est possible de semer des graines et d'apprivoiser des chèvres et des moutons. C'est le début de l'**agriculture** et de l'**élevage**.

Ces nouveaux savoir-faire se répandent partout dans le monde. Les hommes inventent la poterie, le tissage, la roue et le travail du métal. Pour compter le bétail et la récolte de céréales, ils créent aussi l'**écriture**. Ces révolutions marquent le début d'une nouvelle période : l'histoire.

Comment savons-nous tout ça sur la préhistoire ?

Pas facile de comprendre la vie des hommes préhistoriques. Ceux-ci ne nous ont pas laissé de textes. Les chercheurs doivent donc imaginer leur vie à partir des traces enfouies dans le sol.

Les paléontologues sont les spécialistes de la préhistoire. Certains s'occupent de récupérer les **graines** fossilisées enterrées dans le sol pour connaître les plantes qui poussaient dans l'environnement des hommes préhistoriques. D'autres étudient les restes des animaux.

Ces scientifiques trouvent beaucoup d'informations dans les crottes des hommes préhistoriques et dans leurs **déchets**. Une crotte indique ce que mangeait l'homme qui l'a produite. Un os porte les marques de l'outil qui l'a découpé...

Il est très rare de trouver un squelette entier. La plupart du temps, les chercheurs récupèrent de petits bouts d'**os**. Il faut ensuite reconstituer le puzzle en laboratoire.

Les paléontologues ont inventé des techniques et mis au point des machines pour mesurer l'âge d'un bois, d'un os ou d'une plante. Ainsi, ils peuvent savoir de quelle époque **datent** les traces qu'ils découvrent sur les sites.

37

Découvre les autres titres de la collection

vivre ensemble

Paris

les oiseaux

l'hôpital

les inventions

les cheveux et les poils

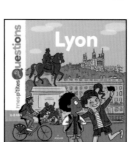
Lyon

le président de la République

la liberté

le Moyen Âge

les catastrophes naturelles

la danse

boire et manger

les voitures

l'eau

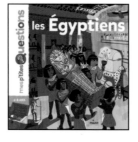
les Égyptiens

la montagne

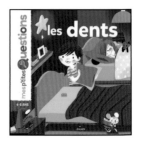
les dents

le football

les sports d'hiver

les loups

bobos et maladies

les robots